Siloah

Wasser aus dem stillen Fluss

Lyrik und Poesie

Harald Brier

© 2021 Harald Brier

Verlag & Druck:

tredition GmbH,

Halenreie 40-44, 22359 Hamburg

978-3-347-34659-8 (Paperback)

978-3-347-34660-4 (Hardcover)

978-3-347-34661-1 (E-Book)

Bibliografische Information der Deutschen Nationalbibliothek: Die Deutsche Nationalbibliothek verzeichnet diese Publikation in der Deutschen Nationalbibliografie; detaillierte bibliografische Daten sind im Internet über http://dnb.dnb.de abrufbar.

Vorwort

Die Texte in diesem Buch sind über einen Zeitraum von mehr als zwanzig Jahren entstanden. Sie sind nicht durchgehend chronologisch, nach dem Zeitpunkt ihrer Entstehung, geordnet.

Alle Gedichte und Texte sind entstanden auf meinem Weg, auf meiner Wanderung über Höhen und durch tiefe Täler. Sie sind allesamt Ausdruck und Ausfluss meiner Suche und meiner Sehnsucht, meiner Zweifel und Niederlagen. Die „Unordnung" in der Reihenfolge der Texte, ist selbst Ausdruck dieser Suche und dieses Prozesses des Findens.

Dachte ich anfangs, die Gedichte wären „wichtig für andere" und „alle Welt sollte das hören" – so kam ich mehr und mehr zu der Einsicht, dass diese Texte in erster Linie und hauptsächlich für mich selbst waren. Und ich fing an zu sehen, dass diese Worte, so schön sie auch sein mochten und obwohl ich selbst sie geschrieben hatte, noch nicht wirklich mein Eigentum waren. Die Worte waren zwar in meinem Kopf, aber ich lebte noch nicht in der Realität dessen, was ich selbst geschrieben hatte.

Der Poet

empfängt keinen Lohn

für seine schönen Worte

Die köstliche, reife Frucht seiner Worte

in der eigenen Seele,

das ist sein überschwängliches Erbe...

Poesie

ist die Blüte und der Duft...

Ein Vorgeschmack

noch nicht die Frucht

Das verursachte in mir eine große Verunsicherung und Verwirrung. Als Folge davon stellte ich die Gedichte erst einmal „ins Regal". Ich schrieb auch nur noch ganz sporadisch etwas auf – und ich hütete mich davor, Texte in überheblicher Weise weiterzugeben. Nur in Ausnahmefällen, dort wo es im persönlichen Kontakt sinnvoll und angebracht schien, traute ich mich einzelne Gedichte zu teilen. Der Segen, auch für mich, war, wenn Menschen dadurch ermutigt und getröstet waren.

Letztlich habe ich mich doch entschlossen, die Texte öffentlich zu machen. Nicht die Gedichte, nicht die Worte sind die Antwort und das Ziel. Nicht die Worte sind es, die uns aus der Wüste herausführen. Sie sind lediglich „Tautropfen in der Wüste". Sie sind „Wüstenwandler" in dem Sinn, dass sie auf den hinweisen und den bezeugen, der allein fähig ist, die Wüste in unserem Leben in einen Fruchtgarten zu verwandeln, und der so viel größer und herrlicher ist, als Worte es auszudrücken vermögen. Er ist das Ziel unserer Reise.

Das ist meine Hoffnung und mein Gebet für alle, die auf der Suche sind, denn die Verheißung steht:

„Wer suchet, der findet"

Harald Brier, Juli 2021

Anfangen kannst du

nicht dort,

wo du hinwillst...

Anfangen musst du hier

wo du bist,

wo du wahrhaftig

bist

Inhalt

Auf den Wassern

Der auf den Wassern reist

ist heimatlos im Grund

und voller Sehnsucht

Tief im Blau zuhause

und blind und mutig,

zum Fliegen noch zu stark

Seine Füße

zu zart für harten Fels

Sein Herz

verloren hinter dem lichten Horizont

Seine Augen

gerichtet auf die weiße Wolke

Er setzt Schritt vor Schritt

auf seinem Weg

zum Himmel

Der blaue Berg

Ein Echo, vom Gipfel her
hallt tief hinab ins Tal
eine Welle aus Tönen und Licht
eine farbige Harmonie

Ersehnte Antwort
auf den Schrei
wie blaue Salbe
auf den roten Schmerz

Die Wunde heilt
wird zum Mund, der ihn besingt
wird zum Fuß, der ihn besteigt
den blauen Berg

Zwischen dem Samenland

und dem Fruchtland

floss ein reißender Wildbach

Darüber spannte sich

eine schmale Brücke

Man nannte sie

Die Geduld des Gärtners

Herz und Verstand

Ich breche aus
dem geordneten Gefängnis
des grauen Verstandes
Dort herrscht eine Hungersnot
und die Brunnen sind vergiftet

Ich fliehe
in die bunte Wüste der Freiheit
wo das Herzwasser fließt
und wo das Himmelsbrot
auf schiefen Bäumen wächst

Geduldige Nacht

Ich will

meinen Reichtum

hinübertragen

in den neuen Morgen

dachte ich...

Die geduldige Nacht

hat mich Besseres

gelehrt

Arm und ruhig

warte ich jetzt

auf den himmlischen

Morgentau

Graben und Fliegen

Als die Wurzeln

nach schier endloser Suche

tief unten

in völliger Dunkelheit

endlich

auf den goldenen Fluss stießen

der von weit her kommt

und in dem sich der Himmel spiegelt...

Da endlich

konnten sie

trinken und fliegen

Sehnsucht

Ein unermesslicher Durst

treibt die Wurzeln der weißen Samen

immer tiefer

Aus dem roten Fluss

haben sie getrunken

Sein Echo hallt jetzt in der Tiefe

Größer ist dieser Durst

als die Angst nichts zu finden

größer als die Angst

sich zu verlieren

Lauter als die Warnrufe

der Sicherheitsbeamten

die im Hafen

schon die Schiffe festketten

die kleinen Schiffe des Großen Königs

seine Christopherus-Flotte

Sie liegen bereit und warten

auf den blinden Kapitän

Denn welcher Seemann

mit ängstlichen, grauen Augen

würde sich wohl freiwillig

hinauswagen

in dieses tiefe Blau

Diamanten

Diamanten

entstehen tief unten

verborgen im Inneren

unter großer Hitze

und großem Druck

Diese kostbaren Steine

die das Diadem

des Königs schmücken

eingepasst

funkelnd

rein

Sie sind zurückgekehrt

zu ihrer Ruhe

Mühe-los-geworden

Sie haben aufgehört

zu fliehen

.

Mit ruhiger Zuversicht

sprengt er sein Gefängnis,

der kleine Same

Der neue Morgen

Ohne jeden Druck
ohne jeden Zwang
setzt der König des Tages
sein Gesetz der Freiheit durch

Sanft und behutsam
erhebt sich der junge Morgen
Zartes Rot der Hoffnung
Warmer Glanz in kalten Augen

Völlig ohne Anstrengung
wächst der neue Morgen
in die Nacht hinein

Seine Hoffnungsfinger
strahlen in die Finsternis
und streicheln alle
die hungern und frieren

Same himmelwärts

Im stillen Tod des Lärms

wächst leise Freude

Frische Dämmerung

hoffnungsroter Weg in die Wüste

Tor zur Freiheit

Schritte hallen

durch den düsteren Raum

Eine feine Melodie

hell und farbig

sanft und kraftvoll

Eine glühende Hand

berührt die Riegel der eisernen Tür

Das Gefängnis schmilzt

Tropfen der Freude

Heiliges Crescendo

Goldener Triumphbogen am Meer

weiter Strand

klarer Horizont

Atem der Kraft

Schattiges Grün im Zitronental

reifes Aroma, sommerklar

Flüssige Myrrhe

purpurblauer Duft

Ein Königsherz

grenzenlose Willigkeit

Freiheit

Geduld und Nähe

Über die offenen

tiefen und roten Wunden

die fast zu Tode erschrecken

und sich ängstigen

vor der Berührung

der eiskalten Distel

Über die offenen Wunden wird Er,

der allein die Zartheit besitzt,

sich mit liebender Hand

und Behutsamkeit

dem Ort von Schmerz und Angst

nähern

Er wird eine frische

zarte, auserwählte Haut

der Barmherzigkeit, der Weisheit

und des Friedens wachsen lassen

Der Mutige

zittert

bei jedem Schritt

Suchen

Nichts gesehen

hat er

eine Zeit

lang

nach seinem Mut

ein altes Land loszulassen

Nur Durst

und hohe Wellen

bevor er ihn fand

den neuen Kontinent

Jericho

Im ganz eigenen

persönlichen Schweigen

im langen Kreisen

wird ein

gemeinsamer Schrei geboren

Mauerbrecher

Löwensohn

Kraftadler

blau

weiß

frei

Über Wolken klare Stille

Die jungen Adler

aus dem Nest gestoßen

verfluchen Vater und Mutter

Sie fallen, schreien,

weinen, verzweifeln

fast

bis sie ihre jungen Flügel öffnen...

Ein sanfter Wind

füllt ihr Gefieder mit Kraft

fängt, trägt, hebt

Im Steigen begegnen sie

dem Auge des Vaters

klar und gerade

In diesem hellen Blau

erkennen sie jetzt tiefe Liebe

herrlichen Glauben an seine Kinder

und an den Wind

Kunstakademie

Nach großem Widerstreben

anfangs

fand der Brillant

zunehmend Gefallen

an der Schleifarbeit des Meisters

Mehr und mehr

freute er sich

funkelte und strahlte

Dann umarmte er das Licht

und reflektierte

den siebenfarbigen Sohn

Noch einmal

Der Traum der Jugend
wird geträumt in Kraft
Grellbunt ist er
feuerorange
voller Eifer und Verzweiflung

Der Traum des Alters ist anders
Pastell seine Farben
zart seine Töne

Er wird geträumt in Schwachheit
Unmögliches schaut er
noch einmal

Er lässt sich führen
ergreift die Hand
Die Fesseln eigener Pläne
lösen sich

Er lebt von Tag zu Tag

und der Treue

eines Anderen

Seitdem

die Brücke kaputt ist

treffen wir uns

im Fluss

Nähe

Um helle Nähe zu kosten
blaue Offenheit
mit dir zusammen
Freiheit zu genießen

Muss ich
meinen Weg gehen...

Täglich sehe ich dich
an deinem Ort

Verliere ich meinen Weg
aus den Augen
verliere ich auch dich

Unser Weg

Am Fuß des Berges
war eine Gabelung
Dort trennte sich unser Weg
Die Wucht des Berges
ehrfurchtgebietend

Von hier aus konnte man nicht sehen
dass die Wege auf der anderen Seite
wieder zusammen liefen
Nur vermuten
oder hoffen

Aber es gab auch Augen
die konnten
durch den Berg schauen

Der steile, schmale Pfad

führt nach Hause,

wohin sonst

Heimkommen

Ins Licht

In den Zartwind

In die Ruhe

In den sanften Mut

In die Hoffnungsfarben

In den stillen Morgen

Zum Fluss

Zu dem hellen Blau

Zu den Goldgedanken

Zur Sehnsucht

Zu dem weiten Horizont

Zu dem kleinen Haus

Zu den tiefen Gefühlen

Zu dem klaren Willen

Zu dem hellen Blick - Zu dir...

Nach Hause

Wo Norden und Süden

sich küssen

schläft das Kind

Wenn es aufwacht

geht es nach Westen

die junge Ostsonne

seine Kraft

Karriere

Im Gebirge

entspringt der Fluss

In den Bergen

ist seine Quelle

Aber

er bleibt nicht dort

In die Täler

in die Ebene

fließt er

An dürre Orte

an die niedrigsten Stellen

fließt er...

wenn er kann,

wie er will...

Am Rand

Hellblaue Lieder leicht wie Luft

malen Blumen in die Wolken

am Rand

der großen Stadt

Kinder kommen

jeden Tag

trinken das Blau

und mehr

baden

in der klaren Ruhe

Weit kann man sehen

tief kann man atmen

dort

im farbigen Land

der Morgentauvögel

am Rand

der großen Stadt

Verschenke Tautropfen,

kristallklar,

arglos

schillernde Wüstenwandler

Auf die Scherben

Auf die Scherben meines Lebens

auf die Trümmer meines Versagens

auf die Bruchstücke meiner Gefühle

hat es geregnet vor einiger Zeit.

Nachts fing es an

Ein roter Regen, sanft und leise

Am Morgen dann ging der Regen über

in herrlichen, glitzernden Schnee

Unter diesem weißen Frieden

kam der Lärm meiner Scherben

zur Ruhe

Seit es taut wachsen Blumen

dort

auf dem Trümmerhaufen

Ich werde sie wohl sammeln

als mein blühendes Gebet

Meine Freundin

Meine Freundin

ist wie eine schöne Blume

Ich lenke die Strahlen der Sonne auf sie

ich sammle Regentropfen

und benetze ihr Gesicht

In meiner Liebe

schließt sie die Augen

und sinkt in ihre Ruhe...

Sie öffnet die Augen

und ich sehe

wie ganz tief in ihr

reine Liebe aufwacht

Meine Freundin ist wie ein Garten,

der köstliche Früchte für mich reift

Ich will ihn pflegen

meinen schönen Garten...

Wüstenwandler

Ich schwimme

in dem roten Fluss

Meine Augen werden hell und klar

Ich trinke

von dem weiß-blauen Himmel

Kraft für kleine Schritte

Ich bade

in goldgelber Liebe

Mut berührbar zu bleiben

Ich lasse meinen Selbstschutz los

und sehe deine Angst

Ich verschenke Tautropfen

Kristallklar, arglos

Schillernde Wüstenwandler

Tau auf die Rose

Tau auf die Rose
Tropfen der Nacht
kristallklar und zärtlich
Ein Geschenk des Himmels,
bis Hoffnung erwacht

Tau auf die Rose
auf den Duft, den ich mag
in der Stille am Morgen...
Perlen der Sehnsucht
für den neuen Tag

Tau auf die Rose
für den Durst nach dem Licht
auf die Seele der Blume...
Wart noch ein Weilchen
bis dein Tag anbricht

Lied der Braut für den Bräutigam

Du bist wie eine Melodie
die mein Herz erfüllt...

die sanft den Raum durchdringt
mit Freude und mit Leichtigkeit,
ein Hauch von Ruhe und Kraft...

Du schallst in die Weite meines Landes,
auf goldenen Höhen sprudeln Quellen,
von fernen Grenzen tönt dein Echo...

Du bist wie eine Melodie,
die mein Herz erfüllt...

wie das fröhliche Zwitschern,
wie das sanfte Summen,
das Lied am frühen Morgen...

wie eine mächtige Symphonie,

die am Mittag zur Hochzeit lädt,

zur Feier und zum herrlichen Mahl...

Du bist wie eine Melodie,

die mein Herz erfüllt...

die über den Horizont tanzt,

durch das Abendrot hindurch

und weit darüber hinaus...

Lied des Bräutigams für die Braut

Für dich

möchte ich gern sein

wie ein Baum mit tiefen Wurzeln,

ein Baum mit grünem Laub,

der Schatten spendet

in der Hitze des Tages...

wie ein Bach mit klarem Wasser,

ein Bach aus reiner Quelle,

von dem du trinkst

und dich erfrischst...

wie ein Berg mit lichter Höhe,

ein Berg mit klarem Blick,

auf den du steigst

und Freiheit spürst...

Für dich

möchte ich gern sein

wie ein Meer mit sanften Wellen,

ein Meer mit weitem Horizont,

in dem du schwimmst

so völlig ohne Angst...

wie ein Wind, mal stark und mächtig,

ein Wind, mal still und zart,

der den Nebel vertreibt

und die Rose sanft wiegt...

wie eine Wolke, so klein und weiß,

eine Wolke, die hoch oben zieht,

wie Hoffnung so leicht

und wie ein kleines Glück...

Für dich

möchte ich gern sein

wie ein Himmel, so unendlich blau,

ein Himmel mit ausgestreckten Armen,

so offen und unbeschreiblich,

der dich einlädt zum Tanz...

wie ein Morgen, so frisch und neu,

ein Morgen mit strahlenden Farben,

wie ein langersehntes Lied

geboren in der stillen Nacht...

Lied der Wüste

In dieser trostlosen, grauen Wüste
vertrocknet meine Kraft,
es verblassen meine Farben,
es verstummt mein Lied,
ich bin erschöpft und müde...

Doch meine Ohren wachen auf,
ich beginne zu hören
an diesem dürren Ort...

Eine wundervolle Melodie,
ein Lied von bunter Hoffnung
und von frischem Grün
klingt in dieser Wüste...

Ich trinke mit meinen Ohren
das Lied des Himmels

Stiller Wandel

Stille,

wie laut dein Schrei

wie schwer dein Gewicht

wie hart deine Bandagen

wie grell dein Licht

wie dürr deine Wüste

wie furchteinflößend deine Leere

wie eng deine Zelle

wie verwirrend deine Nähe...

Stille,

wie sanft dein Flüstern

wie leicht dein Hauch

wie befreiend deine Kraft

wie zart dein Lied

wie erfrischend dein Wasser

wie reich deine Fülle

wie weit dein Horizont

wie klar dein Blick...

Morgen wächst

Die Saat wächst,

fast unmerklich...

Es wird heller,

fast unmerklich...

Die Keuschheit und Demut

des Sonnenaufgangs,

zart

doch äußerst

kraftvoll und entschieden...

Der neue Morgen...

Wasser

Ein wenig Wasser,
blau und weiß
und klar...

Ein paar Tropfen nur
auf die braune Erde,
die weiche, sanfte...

Ein wenig Wasser
löst die ruhende Kraft,
die verborgenen Worte,
die schlafenden Samen...

Ein paar Tropfen nur,
für den Durst,
für die neuen Farben,
für das frische Grün...

Vom kleinen Fluss

Ich möchte lernen

von dem kleinen Fluss

Er lässt sich seinen Weg nicht versper-
ren

von dem großen Berg,

streitet auch nicht

mit den Hügeln um sein Recht

Still und eifrig

sucht er seinen Weg im Tal

Das Meer ist seine Bestimmung,

dort ist die Versammlung

all seiner Brüder

Hier verdunsten sie miteinander

ein frischer Wohlgeruch,

lassen alles bittere Salz zurück,

kraftvoll gezogen von der Sonne

Mächtige Wolken bilden sie,

satt und triefend,

um Berge zu beregnen,

die ihnen einst Hindernisse waren,

um dürres Land zu tränken,

dem sie einst so wenig geben konnten

Verlieren und gewinnen

Ich lasse los

und verliere

mich...

so wie der Fluss

sich verliert,

wenn er sich ins Meer

verströmt,

sich freudig und verschwenderisch

hingibt...

und so

Teil des Ganzen wird

und Alles gewinnt...

Unschuld

Mein schönes, weißes Kleid,
das so gut passt
zu dem Strahlen meiner Augen...

Heute habe ich es getragen,
bei meinem Ausritt,
mitten im Getümmel...

Ich habe es bekleckert
mit dem grellbunten Eifer
meiner leeren Worte,
mit dem traurigen Grau
meiner schlaffen Hände,
mit dunklen Blicken...

Jetzt spiegelt es sich
in meinen Augen,
mein beflecktes Kleid...

Ich werde es wohl waschen

in frischem Blut.

Anders gehen die Flecken

nicht mehr raus...

Spätregen

Unter meinem Regenschirm
genieße ich den Regen,
atme frische Luft

Leise trommelt der Regen,
geduldig und sanft,
eindringlicher Rhythmus

Er klopft an,
will rein

Ich schließe den Schirm
und öffne die Tür.
Jetzt redet er direkt zu mir,
sanft,
weicht er meine harten Ohren auf...

Er spricht Geheimnisse,

bunte, gerade Linien,

in mein krummes Grau

Er wäscht meine Haut,

verbindet mich

von Kopf bis Fuß,

entspannt meine Angst

Ich fange an

zu wachsen

Schritte

Gleich früh am Morgen

gehe ich die ruhige Straße

hinunter zum Meer...

Bei jedem Schritt

verwandelt sich das

drohende Grau

mehr und mehr

in die duftige Weite

eines hellen Landes...

Ein Ankommen,

Schritt für Schritt,

im blauen Zuhause...

Kraftschritte

Das kleine Licht

am Ende des Tunnels

hat nur eine sanfte Kraft...

Trotzdem

zieht es mich

Schritt für Schritt

aus dem schwarzen Loch...

Komm

Eine große, starke Hand ergreift die
meine

zart, freundlich (war das nicht mein
Wunsch)

Komm...

sanft ziehend, nach vorne

Komm...

Ich halte noch fest, hinten,

eine Hand am Guten von gestern

(ich will nur noch, ich hab' noch nicht)

Komm...

Angst, Sorge, Zweifel - diese Fesseln...

Bequemlichkeit, Trägheit,

diese Kräfte der hinteren Hand

Komm...

Sanftes Drängen, himmlisches Beharren

ohne List, rein

Komm...

Ich lasse los

Sicherheit, Fesseln

Laufe, falle, stürze

vom dunklen Berg ins helle Tal

Watteweicher Sturz

Ich lande direkt neben einer Quelle
(wohlbekannter Klang)

Hier also sprudelt die Sehnsucht,

diese stille Melodie

dieser Durst,

der mich die ganze Zeit

unmerklich geleitet hat

Komm...

Ich beuge mich nieder und trinke

Wasser von zuhause...

Zeitenlang

Die Wärme der Sonne

lockt das Grün aus der Erde

Die Hitze ihrer Glut

presst die Süße in die Frucht

Dazwischen,

zeitenlang,

wichtiges Wachstum,

ruhiges Reifen,

um Geschmack zu finden

an einem herrlichen Regentag

Klare Nacht

Wo besser als an der Quelle
könnte man trinken

Wo besser als im Licht
könnte man sehen

Wo besser als auf dem Weg
könnte man gehen

Manchmal denke ich das,
nachts
in meiner Wüste,
wenn ich still auf dem Rücken liege
und die Sterne zähle

Im Morgenland

So weit entfernt an deinem Ort,
so unerreichbar bist du dort...
Mein Weg, für dich geheimnisvoll
führt Schritt für Schritt nach Westen...
Doch Einer weiß, wohin es soll
für dich und mich zum Besten

Im Land von Morgen bist du da,
im Land von Morgen sind wir nah...
So herrlich nah und hell und gut
mit einem Herzen voller Mut

Mein Weg scheint selten grade,
normaler Sinn sagt leicht: ach schade...
Doch ist's ein Weg im Frieden
bergauf und oft so lang
durch Täler, oft so bang
und Lohn,

herrlicher Lohn

ist morgen uns beschieden

Das Land der Ruhe ist das Ziel,

voll von Musik und Farben...

Wir tanzen wie im Kinderspiel,

im Arm die vollen Garben...

Das Land liegt hinter einem Berg,

jenseits von einem Fluss...

Dort wartet ein vollbrachtes Werk

und ein geschenkter Kuss

Gestern ade

Die Ruhe ist ein Ort,

den man betreten muss,

eine Person,

die man umarmen muss

mit Sehnsucht,

voller Verlangen

Die Trennmesser,

die alle Ketten durchschneiden,

alle Stricke lösen

alle Fesseln öffnen,

sind Kristallschwerter,

geformt aus kleinen Blutstropfen

Wunderschönes Land

Wie Nebel verblasst

in der jungen Sonne...

An Stellen

löst er sich auf

gibt das Land frei...

Blasse Farben zuerst,

wachsen an Kraft...

Ein wunderschönes Land

Schau, da vorn...

Das Alte lässt uns los...

Farben der Freiheit

Beharren will ich
auf meinen Farben,
will graue Wolken stechen,
bis blauer Regen fällt

Mein rotes Schwert schärfen
am weißen Stein,
um Löcher zu stoßen
in die braune Mauer,
einen Durchbruch
zum Goldland
und zum Immergrün

Eintritt Frei

Die Tür in das Haus der Ruhe,

wo die sprudelnde Quelle ist

und der Regenbogenfluss

ist eine frische, rote Dusche,

die mich wäscht von Kopf bis Fuß...

Eine kindliche, einfache Lösung

von Zentnerlasten

Die lärmenden Flecken,

das unruhige Grau,

alles wird weiß und still

Meine Arme, leicht wie Federn,

meine Füße, fest verwurzelt

in dem lebendigen Fels,

im ruhigen Fluss

Ich bin eine stille Oase,

höre eine leise, neue Melodie...

Ich bin eine weiße Leinwand,

bereit für klare, neue Farben

Bald

Ich friere und schäme mich...
Meinen Umhang haben sie mir
genommen...

Meinen schönen, weißen Mantel,
in dem der Regenbogen wohnte,
zerrissen mit ihrem Verstand,
zerschnitten mit ihren Zungen...

Ich spüre die Striemen, ein wenig,
und warte, nackt und geduldig...

Denn bald kommt mein Freund
mit Salbe und dem Hochzeitskleid...

Wenn du willst

Wenn du willst, dann bin ich da,

wenn du willst, dann bin ich nah,

lass alles los, was mich noch hält,

komm ganz hinein in deine Welt...

Bin der, der dir die Sterne zählt,

der dich vor andren auserwählt,

der vor dir ebnet einen Weg,

der sich für immer dir vermählt...

Wenn du willst...

Morgen

Wo bist du morgen,

wenn der Tag anbricht

in einem Licht, das du nicht kennst,

das zu hell ist,

in dem die Schatten

kein Versteck mehr finden...

Was machst du morgen,

wenn die Sonne aufgeht

mit einer Kraft, die alles überwältigt,

die zu mächtig ist

für die Stärke

deiner flüchtigen Seele...

Was bleibt dir morgen,

wenn jede Faust geöffnet,

wenn jeder Fuß zum Stillstand kommt,

wenn Rost und Diebe triumphieren

und jeder Halt verweht,

wenn Wurzel, Schatz und Krone

dir vertrocknen und verdorren...

Wer bist du morgen,

wenn du dem Traum begegnest

der über deinem Leben lag,

wenn du die Augen schaust

die hell dein Leben überstrahlten,

wenn du den Mund erkennst,

den überhörten Ruf,

den verschmähten Kuss...

Heiliges Wasser

Dort, in dem Brachland,

zwischen Begierde und Mühsal,

gerade da, mittendrin

wohnt meine Sehnsucht...

Dort liegt der Schatz vergraben,

dort sprudelt die Quelle...

Heiliges Wasser

Verborgener Strom

Honigfluss

Augenwasser

Samenöffner

Krampflöser

Quellgrund

Einfach

Einfach wissen, wo die Quelle ist,
einfach daraus trinken,
einfach sich freuen, und
einfach leben

Einfach da sein,
einfach offen sein,
einfach eine Quelle sein,
reines, erfrischendes Wasser
für den Erschöpften

Ihn einfach trinken lassen,
bis er einfach Lust bekommt
auf die große Quelle

Wenn du zu den Kindern kommst

dann wollen sie das Kleine sehen
auf dem Grund deines Herzens

dann wollen sie das Herz sehen
im hellen Blick deiner Augen

dann wollen sie die Augen sehen
mitten in deinem Schweigen

dann wollen sie das Schweigen hören
im klaren Ton deiner Worte

dann wollen sie deine Worte spüren
in der herrlichen Ruhe deiner Taten

Kein Weg zurück

Wenn die Sonne mich küsst,
die ich so lang vermisst,
wenn ihr Strahlen ganz sacht
in die Augen mir lacht...
Wenn ich anfang' zu seh'n,
wenn ich anfang' zu geh'n...

Am fernen Horizont mein Blick
Kein Weg zurück...

Wenn der Regen mich tränkt,
seine Kraft neu mir schenkt,
wenn die Seele, ganz grün,
plötzlich anfängt zu blüh'n...
Wenn ich sitze ganz still,
wenn ich spür, was ich will...

Ich warte auf das Morgen-Glück
Kein Weg zurück...

Wenn der Wind auf mich weht,

meiner Kraft widersteht,

wenn die Ohnmacht ich spür,

meinen Stolz ganz verlier...

Da beginnt er zu dreh'n

und raunt leis: Du kannst geh'n...

Behutsam geh ich, Stück für Stück

Kein Weg zurück...

Schwarzer Vogel

Schwarzer Vogel,
schwarz wie die Nacht,
lang bevor der Tag erwacht,
singst du...

Deine Augen
spüren das Licht,
lang bevor der Tag anbricht,
singst du...

Woher weißt du
das Neue so nah,
lang bevor es wirklich da,
singst du

Wer bewegt dich
zu diesem Lied,
lang bevor die Rose blüht,
singst du...

Himmel so nah

Strecke beide Hände aus,

und zerteile den Schleier

mit sanftem Mut...

Erhebe das Haupt,

trinke das Blau

in großen Zügen...

Spüre den Strom,

vom Kopf bis zum Zeh,

in silberner Kraft...

Setze den Fuß,

Schritt für Schritt,

auf goldenem Pfad...

Die Raupe

Unersättlich und gierig,

feist und fett...

Nichts ist sicher

in dem grünen Haus...

Wie lange noch?

Hab keine Zeit.

Ruhe und Freude?

Ach was,

ich habe keinen Bruder...

Mein eigenes Grab

darf ich mir spinnen.

Welch eine Ehre!

Später werde ich das verstehen,

sagt man...

Im Kokon

Aussichtslos gefangen

in dieser dunklen Enge,

meinem selbstgestrickten Käfig.

Haha!

Was habe ich mir da eingebrockt?

Das wollte ich eigentlich gar nicht.

Wie komme ich bloß hier wieder raus?

Keine Ahnung, wie es weitergehen soll...

Wahrscheinlich sterbe ich

in dieser gottverlassenen Stille.

Warum sagt denn

niemand irgendetwas...

Der Schmetterling

Leise, ganz leise,

höre ich ein sanftes Klopfen

helle Strahlen an meiner Tür.

Es muss die junge Sonne sein...

Hab wohl geschlafen, weiß nicht wie
lange,

seit gestern, vorgestern? Kann mich
nicht erinnern,

habe alles vergessen.

Komisch...

Wieder diese helle Stimme!

Was sagst du?

Du willst mich sehen,

mit mir tanzen...

Warte, ich komme!

Aber diese graue Tür, sie geht nicht auf!

Was sagst du?

Ich muss sie aufbrechen?

Nur wie, mit meiner kleinen Kraft?

Was sagst du?

Ich soll einfach hören?

Deine warmen Strahlen

aufsaugen und wachsen?

Geht das?

Hilf mir,

nur nicht zu schnell,

langsam,

Schritt für Schritt

lerne ich tanzen in deinem weiten Land...

Nützlicher Tod

Ein wildes Tier, das lebt in mir,
ein Wolf, voll Gier und Grimm.
Ich glaub, er war schon immer hier,
haust ganz tief in mir drin...

Ich kämpfte wohl mit aller Kraft
schon tausendmal, und doch,
den Sieg, den hab ich nicht geschafft,
zu schwer des Tieres Joch...

In meiner allerhöchsten Not,
Verzweiflung und in Pein,
beschloss ich endlich seinen Tod,
doch ohne Kampf sollt's sein...

Ich nahm ein Lamm auf meine Knie,
und goss sein frisches Blut,
ertränkt' den Wolf darin, er schrie

voll Gier und Angst und Wut...

Nichts blieb mehr übrig von dem Vieh,

ein weißes Fell am Ende,

gebleicht im Blut und weich wie nie,

wärmt mir jetzt Füß' und Hände...

Sanfte Verwandlung

Er hatte es nicht verdient, und das wusste er auch, der harte, graue Stein.

Einen Hammer aus Eisen, härter noch als er selbst, das hatte er erwartet.

Doch diese Feder, diese fremde, weiße Feder, sie berührte ihn nur ganz zart.

Wieder und wieder strich sie sanft und gütig über sein kaltes Haupt.

Man spürte eine Erschütterung. Äußerlich war nichts zu sehen, es musste aus dem Inneren des Steins kommen.

Durch einen feinen Riss quoll eine Träne aus dem Basalt.

Kurz darauf fiel der kantige Brocken in sich zusammen und zerbröselte

zu fruchtbarer Erde...

Alles was bleibt...

Alles was bleibt hat einen Namen
alles was bleibt hat seinen Ort

Alles was bleibt nicht leicht zu haben,
kostet dich viel, nimmt dich beim Wort

Alles was bleibt hat einen Namen
alles was bleibt hat seinen Ort
alles was bleibt im Land der Ruhe
alles was bleibt kommt nur von dort

Alles was bleibt kannst du nicht kaufen,
ist ein Geschenk
für ein kindlich' Gemüt

Alles was bleibt hat einen Namen
alles was bleibt hat ein Gesicht
du musst es suchen und umarmen,
anders bekommst du's einfach nicht

Frühlingsgrün

Grüne Blätter, grüne Blätter

hundertmal verschieden,

große, kleine, spitze, runde

und dazwischen Blüten...

Frühlingsgrün

wunderschön

tut den Augen gut

Hundertmal ein andres Grün

grüßt von Baum und Strauch,

hell und dunkel, satt und schön

und von den Wiesen auch...

Frühlingsgrün

wunderschön

macht uns neuen Mut

Begegnung

Als sie über den Platz lief,

ging die Sonne auf...

Er kam langsam auf sie zu.

Eine sanfte Wärme

strahlte aus seinen Augen...

Als er die Lippen öffnete,

leuchtete es hell.

Seine Worte berührten ihr Innerstes.

In seiner Nähe vergaß sie die Zeit...

Als sie weiterging,

stand die Sonne im Zenit.

Ihr Herz war leicht

wie ein Vogel im Wind...

Tanz mit dem Wind

Ihre Augen wandern umher,

doch ihre Gedanken sind gefesselt

Ihre Hände, ihre Füße sind frei,

doch ihr Herz ist im Gefängnis

Eisregen

Wüstenwind

Morgentau

Ihre Augen sehen Schönheit,

ihre Gedanken fühlen Weite

Ihre Hände, ihre Füße finden Ruhe,

doch ihr Herz tanzt mit dem Wind

Frühling

Wenn dieser herrliche Frühling
Nur um mich herum
geschieht

Wenn duftende Blumen
nicht in mir
wachsen und blühen

Dann
war sie umsonst,
diese ganze Pracht

Weiter

Immer wenn es gemütlich wird

höre ich den blauen Weg,

sein sanftes, helles Flüstern

Ich wäre so gerne

noch bei euch geblieben,

in vertrauter Runde

auf dem weichen Sofa,

dem graubraunen,

dem magnetischen

Der Himmel geht

über die Saat hinweg,

den heiligen Samen,

den verborgenen, ewigen

mit Sonne und Hitze

mit Regen und Sturm

mit Schatten und Frost

mit Zeit und Zeiten

mit Langmut und Geduld

und mit großem Wohlwollen

Der Himmel sieht

das erste Grün,

die Blüte,

die Frucht,

die Reife

schon lange voraus

erwartungsvoll,

mit Sehnsucht und Freude

Morgen

Wo bist du morgen,

wenn der Tag anbricht

in einem Licht,

das für dich zu hell ist,

in dem die Schatten

kein Versteck mehr finden...

Was machst du morgen,

wenn die Sonne aufgeht

in einer Kraft

die alles überwältigt,

die zu mächtig ist

für die Stärke

deiner flüchtigen Seele...

Was bleibt dir morgen,

wenn jede Faust geöffnet,

wenn jeder Fuß zum Stillstand kommt,

wenn Rost und Diebe triumphieren

und jeder Halt verweht,

wenn Wurzel, Schatz und Krone

vertrocknen und verdorren...

Wer bist du morgen,

wenn du dem Traum begegnest

der über deinem Leben lag,

wenn du die Augen schaust

die hell dein Leben überstrahlten,

wenn du den Mund erkennst,

den überhörten Ruf,

den verschmähten Kuss...

Vielleicht ab und zu

Ich wollte
Schönheit besingen,
meine Liebe erklären,
und den Himmel beschreiben
der uns blüht...
mit wenigen Worten

Es war mir nicht möglich,
ist mir nicht geglückt...
mit wenigen Worten

Diese Quelle
so schillernd und reich,
so verschwenderisch sprudelnd...

Vielleicht sollte ich
schweigen und staunen...
ab und zu

Warten

Schöne Blumen wird' ich sehen
mich an ihrem Duft erfreu'n,
denn ich hab' ja gestern spät
kleine Samen ausgesät...

Leck're Früchte wird' ich essen
und mich laben, schleck und schmatz,
denn ich hab' ja kleine Samen
eingepflanzt als meinen Schatz...

Ja, ich säe und ich ernte,
das eine jetzt, das andere dann...
Zwischendurch da muss ich warten,
damit die Frucht auch reifen kann...

Grauer Kampf

Sie kämpft

für ein schöneres Grau,

für einen ausgewogenen Ton,

für Schattierungen und Nuancen...

Sie kämpft für ein Grau,

mit einem Hauch von Himmelblau,

für ein Grau,

das vom Gold träumt

manchmal...

Allerdings

möchte sie es nicht ganz verlieren,

ihr schönes, graues Versteck...

Grauer Fund

Manche Menschen haben gefunden,

sagen sie

das ersehnte Land

sagen sie

Doch ein grauer Schleier

liegt über diesem Land...

Es ist ein ganz besonderes Grau

sagen sie

ein himmlisches Grau

sagen sie

Wenn sie von diesem Land erzählen,

wächst in mir die Sehnsucht

weiter zu suchen...

Gehe

Auf deinem Weg durch die blaue Wüste,

auf deinem Weg durch die roten Berge,

auf deinem Weg ins goldene Land

erwarte keine Hilfe

von den grauen Papageien

Einsam ist der Weg

in die Freiheit

Du verlässt die gesellige Runde

der Käfigvögel

Hinter dem Grau

Hinter dem Grau
verbirgt sich das Blau

Ob wir's vermissen
will es nur wissen

Ob wir es suchen
hinter dem Grau

Geheimnis

Ein gesegnetes Geheimnis

wird es sein

mich zu verlieren,

mich zu verschenken,

still und unerkannt,

verborgen vor menschlichen Augen…

Ein gesegnetes Geheimnis ist es...

Fortschritt

Ich war Fotograf

mit einer düsteren Dunkelkammer,

mit Massen von Negativen

und ängstlich-stummem Blick...

Jetzt bin ich Gärtner

in einem kleinen, sonnigen Haus,

mit leeren Händen

und einem fröhlichen Lied...

Schnell

Ich sitze im Eilzug...
Er soll mich ans Ziel bringen,
möglichst schnell,
wie ich hoffe...

Teuer war sie,
die Fahrkarte, und grau,
mit vielen Zahlen drauf...

Der Zug rast durch ein ruhiges Land...
Durchs Fenster sehe ich farbige Bilder,
Fetzen meines Traumes
der vorbeifliegt...

Wann ich mein Ziel erreiche?
Wann ich ankomme in meinem Traum?
Ich werde es wissen,
wenn ich aussteige
aus dem schnellen Zug...

Wie gut

Wie gut

das erste, zarte Licht

nach der langen, dunklen Nacht...

wenn es graue Mauern bricht

und der neue Morgen lacht...

Dunkle Wolken

Dunkle Wolken bringen Regen
auf das dürre, trockne Land...
In die Wüste fließt der Segen,
Gnade aus des Vaters Hand

In das Dunkel strahlt das Licht,
Hoffnung für das müde Herz,
öffnet Horizont und Sicht,
lenkt die Augen himmelwärts

Der Bettler

Wie könnte ich erklären...

Wie könntest du mich verstehen...

Das Wasser,

meiner Quelle

ist wie eine Sturmflut

für deinen Verstand,

wie herrlicher Morgentau

für dein Herz

Der Poet 1

Die Ausbildung

eines Poeten

besteht aus

Hunger und Durst

Wie sonst könnte er

Hungernden und Dürstenden

irgendetwas

geben

Der Poet 2

Der Poet

empfängt keinen Lohn

für seine schönen Worte

Die herrliche, duftende Blüte,

die köstliche, reife Frucht

seiner Worte

in der eigenen Seele,

das ist sein überschwängliches Erbe

So poets,

heed your own words

Vertraute Fremde

Hunger und Durst

Dunkelheit und Gluthitze

diese vertrauten Fremden

leiten mich

sicher behütet

zu der hellen, blauen Quelle

Ich werde dort erwartet

Poesie

ist die Blüte und der Duft

Ein Vorgeschmack,

noch nicht die Frucht

Es gibt ein Land...

Es gibt ein Land der Klarheit
für dich, mein teurer Schatz
Dort bist du nie mehr Fremder,
dort hast du deinen Platz

Ein Land der Stille,
ein Land voll Musik...
Voll klarer Ruhe,
mit weitem Blick...

Dort wirst du lachen,
tanzen,
springen,
ein neues Lied wirst du dort singen,
das nie ein Mensch gehört,
das nie ein Mensch gehört

Ein Land der Stille,
ein Land voll Musik...

Voll klarer Ruhe,

mit weitem Blick...

Nicht Angst, kein wirrer Überfall,

nicht Lärm wird dich dort schrecken.

Ein kleines, weißes Vögelein

wird dich dort morgens wecken

Ein Land der Stille,

ein Land voll Musik...

Voll klarer Ruhe,

mit weitem Blick...

Der Weg dorthin ist schmal,

führt durch ein dunkles Tal.

Doch am Ende leuchtet fern

schon jetzt der helle Morgenstern

Er wird dich leiten

und dich begleiten,

führt dich ins Helle,

zur frischen Quelle

Die Farben dort sind wunderbar,

ein Bach der plätschert sacht.

Der Wind singt dort ein helles Lied,

ein Lied für dich zur Nacht

Ein Land der Stille,

ein Land voll Musik...

Voll klarer Ruhe,

mit weitem Blick...

Der schwarze Fluss

Das Land liegt jenseits des schwarzen Flusses. Die fruchtbare Ebene beginnt nach dem schwarzen Strom. Wie eine furchterregende Schlange wälzt er sich durch das dunkle Tal. Unüberwindbar und nicht zu durchqueren scheint er zu sein...

Drüben, auf der anderen Seite, beginnt das farbige Land. Eine leise, wundervolle Melodie klingt von dort herüber. Ein heller, sanfter Wind trägt die Töne, wie auf Engelsflügeln, über den schwarzen Fluss. Bis weit in das dürre Land diesseits des Stromes dringt diese Harmonie und weckt eine sehnsuchtsvolle Hoffnung in allen, die sie hören...

Keinen anderen Weg, keinen anderen Zugang, gibt es zu dem Land der Musik, als nur durch dieses schreckliche, dunkle Tal...

Da, wo der Wind über den Fluss weht, scheint ein Weg zu sein, nur schemenhaft erkennbar. Wenn man aufmerksam dem Lied des Windes lauscht, ist eine schmale Furt zu sehen, gepflastert mit weißen und roten Steinen...

Ich betrachte den Weg. Vor meinen Augen verschwimmt er wieder und löst sich auf. Erst als ich den Blick nach oben wende, zum Himmel, und die Augen schließe, wird er erneut sichtbar... Mit kleinen, mutigen Schritten trete ich in den Fluss. Als meine Füße in kindlichem Vertrauen das dunkle Wasser berühren, geschieht etwas Wundersames: der schwarze Fluss bleibt stehen, seine schreckliche Flut staut sich auf zu einer dunklen Wand und weicht zurück. Der helle Wind trocknet auch noch die letzten Pfützen. Ein herrlicher, einladender Weg liegt vor mir, bedeckt mit glänzenden weißen und roten Steinen. Solange ich zum Blau emporblicke, ist dieser Weg da...

Der Berg

Gleich hinter dem schwarzen Fluss er-
hebt sich der Berg. Sanft steigt der Weg
an, allmählich immer steiler werdend und
gewunden. Majestätisch leuchtet das Pla-
teau des Gipfels. Ein unbeschreibliches
Licht strahlt von dort oben, weiß und gold-
glänzend gleichzeitig. Manchmal schim-
mert es sogar wie ein Regenbogen...

Der Aufstieg ist mühsam, und jedes Ge-
päckstück, ja selbst die Kleidung wird mir
unerträglich schwer. Stück für Stück
ziehe ich sie aus und lasse sie zurück.
Dort oben komme ich nackt an, erschöpft
und kraftlos...

In der Mitte des Gipfelplateaus steht ein
Baum, voller herrlich duftender Früchte.
Im Schatten dieses Baumes ruhe ich aus
und gewinne neue Kraft. Dort liegen auch
Kleider, aus weißem Stoff mit goldenen
Fäden durchwirkt. Sie passen wie ange-
gossen und sind wie für mich gemacht.
Ein Gefühl von Leben und Tatendrang er-
füllt mich. Klare Gedanken ordnen sich zu
einem neuen, strahlenden Sinnge-
mälde...

Am Fuß des Baumes entspringt die Quelle des stillen Flusses. Klar und sanft sprudelnd fließt sie von dort oben in das weite, fruchtbare Land. Ich knie nieder an der Quelle und trinke: Wasser von Zuhause...

Morija

Ein sanfter Wind öffnet meine Fäuste

Meine leeren Hände sind mein Gewinn

Heilige Stille

Reines Wasser

auf meine lärmenden Flecken

Mit einem tiefen, weiten

J a

Öffnet sich mein Herz

Nichts

will ich mehr...

Es regnet jetzt auf Morija

Feuertropfen

für meine Quergedanken

Leuchtenden Kristalltau

für meine Himmelsaugen

und schwere Tropfen von Öl

für meinen schwächlichen Rücken

Kraft für gerade, kleine Schritte

Dort auf Morija zittern meine Hände

und ich finde mein Gesicht

Dort lasse ich meinen Willen los

und finde meinen Sabbatweg

westwärts

die aufgehende Sonne im Rücken...

Das Land

Das Land ist ein Land der Ruhe, voll von Farben und Melodien. Von überall her erklingen zahllose Töne und Lieder. Sie fügen sich harmonisch zusammen, zu einer großen, hellen Symphonie, zu einem farbigen Klangteppich... Sanfte Hügel wechseln sich ab mit grünen, saftigen Auen, mit reifen, wogenden Kornfeldern und leuchtend bunten Fruchtgärten. Ein sanfter, erfrischender Wind weht überall im Land. Manchmal streichelt er mein Gesicht, manchmal stärkt er mir den Rücken.

Wie ein helles, silbern glitzerndes Band durchzieht der stille Fluss das Land. Klare Töne steigen wie Luftblasen aus seinem Wasser auf.

Ich sehe diese hellblauen Vögel, mit ihren weißen Schnäbeln. Sehr geschickt und kunstvoll picken sie im Flug die Töne, die aus dem Kristallwasser aufgestiegen sind, und tragen sie fort. In Nestern aus Goldfäden sammeln sie die einzelnen Noten und brüten über ihnen, bis eine neue Melodie entsteht...

Überall, verteilt über das ganze Land, gibt es kleine, weiße Häuser. Ein eigenartiger Friede geht von diesen Häusern aus, eine frohe Anziehungskraft von den offenen Türen, die zum Verweilen einladen...

Im Garten eines Hauses, im Schatten eines großen Baumes, sitzen einige Alte, auf der Wiese spielen und tanzen Kinder. Viele Tiere laufen frei umher in dem Garten. Aus dem Inneren des Hauses hört man eine leise Melodie, einen Klang von Ruhe und Fleiß...

Dort, im Garten des kleinen Hauses warte ich auf dich...

Ruhe und Fleiß

Heute Morgen ging ich im Garten spazieren, am Rand eines Rapsfeldes. Es war gerade frisch aufgeblüht. Strahlend gelb leuchtete das Feld, und dieses besondere, würzige Aroma erfüllte die Luft. Es sah aus wie ein großes, duftendes Meer aus kleinen, gelben Blüten, das sich leicht im Wind bewegte.

Plötzlich vernahm ich ein leises Summen. Als ich mein Ohr hinneigte wurde es lauter. Jetzt sah ich auch eine Biene, zwei, drei – überall Bienen, wohin ich auch schaute. Es waren unzählige Bienen auf diesem riesengroßen Feld, viele Bienenvölker. Sie flogen scheinbar planlos umher, jede gerade vor sich hin, von einer Blüte zur nächsten...

Und doch, dieses Summen, das kaum hörbar alles durchdrang, war wie ein weicher, sanfter Teppich – eine wundervolle Harmonie, ein Klang von Ruhe und Fleiß...

Siloah

Im Hebräischen hat „Siloah" die Bedeutung: Gesandter, Entsendung oder Ausfluss. In der Bibel werden die still dahinfließenden „Wasser von Siloah" nur einmal erwähnt: (Jesaja 8,6)

Es werden dort als Gegensatz zu den „mächtigen und großen Wassern des Stromes", ein Bild für eigene Leistung, Mühe und Kraft, gebraucht.

Der stille Bach Siloah fließt in den Teich Siloah, dessen Wasser blinde Augen auftun (Joh.9,7)

Über den Autor

Jahrgang 1951.

Geboren und aufgewachsen in einem kleinen Dorf in Mittelfranken, Bayern

Studium der Philosophie, Politologie und Theaterwissenschaft – ohne Abschluss

Nach Verirrungen und Verwirrungen in Drogen und Okkultismus und einem langen Klinikaufenthalt

Ausbildung und Arbeit als Erzieher

Nach über 30 Jahren in Berlin lebt er heute wieder in seiner alten Heimat in Mittelfranken

Zeitfracht Medien GmbH
Ferdinand-Jühlke-Straße 7
99095 Erfurt, Deutschland
produktsicherheit@kolibri360.de